DISCOURS

DE LA

BATAILLE DE GARENNES

TIRAGE :

150 exemplaires sur papier vergé (nos 21 à 170).
10 — sur papier de Chine (nos 1 à 10).
10 — sur papier Whatman (nos 11 à 20).

170 exemplaires, numérotés.

N°

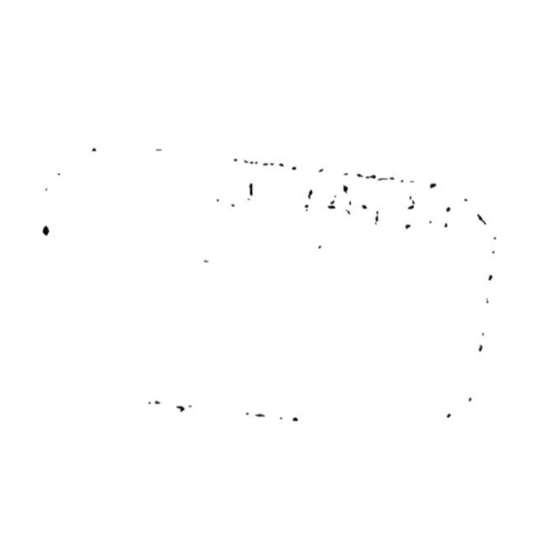

DISCOURS

DE LA

BATAILLE DE GARENNES

(IVRY)

EN MARS 1590

Par Monseigneur et le Roy de Navarre

PUBLIÉ PAR E. HALPHEN

PARIS
LIBRAIRIE DES BIBLIOPHILES
Rue Saint-Honoré, 338

—

1875

INTRODUCTION

Nous savons que le Président de Thou, résolu d'écrire l'histoire de son temps, cacha quinze ans son dessein, amassant de tous côtés, par les liens d'amitié qu'il entretenait dès sa jeunesse avec ce qu'il y avait de gens illustres dans la France et dans l'Europe, les mémoires et les renseignements nécessaires, et qu'il parvint ainsi à la connaissance des faits et de leurs causes, par le moyen et par les avis de ceux qui avaient eu part eux-mêmes aux affaires les plus importantes.

En lisant le récit de la bataille d'Ivry, on

s'aperçoit qu'il l'a rédigé d'après les documents empruntés aux deux partis, car les mouvements des deux armées sont indiqués avec une égale vérité; et, d'après la ressemblance des détails, nous supposons que ce grand historien a dû connaître et utiliser la relation d'un ligueur que nous avons trouvée en double dans les manuscrits de Dupuy, t. 317, fol. 205 et 67. Les curieux liront peut-être avec quelque intérêt ce document écrit peu de jours après la bataille, et que le nonce a jugé digne d'être envoyé au pape[1] avec la circulaire officielle du roi sur sa victoire. Les vaincus ne sont pas désireux de léguer à l'histoire les preuves de leurs malheurs, et nous ne connaissons pas d'autre relation ligueuse de cette affaire. L'auteur, engagé dans la bataille, n'a pas rempli un rôle qui permette de le reconnaitre ; c'était probablement un obscur gentilhomme

1. On l'a retrouvé, avec la circulaire, à Rome, dans les papiers de la légation du cardinal Gaetan. Voyez *Revue du Monde catholique*, t. XIX, 8e année, 1867, p. 498, article *Sixte et la Ligue*, par Caringi. Cette pièce est donnée comme traduite de l'italien; nous ne savons s'il faut attribuer les erreurs au texte ou à la traduction.

qui, ne jugeant pas l'ensemble, raconte ce qu'il a vu, et témoigne sans le vouloir des fautes de son armée. Son récit, rédigé à la hâte, est un peu confus; nous avons cru utile de le faire précéder d'un court exposé qui aidera, nous l'espérons, à le mieux comprendre.

Henri IV, maître d'Orléans, assuré de la Normandie, d'où il tirait ses subsistances, faisait le siége de Dreux, ville fortifiée qui par sa position interceptait ses convois. Il savait que le duc de Mayenne, comprenant l'importance de cette place, viendrait la secourir quand il aurait réuni les moyens nécessaires [1], et il poussait le siége aussi vivement que la pénurie de ses munitions le permettait. Convaincu que les ligueurs passeraient la Seine, il avait pris ses dispositions afin

1. *Mémoires de la Ligue*, IV, p. 237. — *Lettres missives* de Henri IV, publiées par Berger de Xivrey, t. III, p. 163. « Ils voulurent différer jusqu'à ce qu'ils eurent joint quinze cents lances que leur envoyait le prince de Parme, et dès lors publièrent qu'ils me forceraient au combat en quelque lieu que je fusse, et en pensaient avoir trouvé une occasion fort avantageuse de me venir rencontrer au siége que je faisais devant la ville de Dreux.»

d'être averti de leur marche assez à l'avance pour réunir ses troupes, et, soit en allant à leur rencontre, soit en les attendant, choisir le terrain. Le comte d'Auvergne fut détaché à Houdan, sur les bords de la Vêgre, avec six compagnies de chevau-légers; Givry, maître de camp de cavalerie, occupa Berchères avec six compagnies de la même arme; La Curée était à Rouvres avec sa compagnie; une compagnie de chevau-légers de la garde du roi, les compagnies de La Fresnaye et Ruvins, gentilhomme écossais, et une compagnie d'arquebusiers, se trouvaient sous ses ordres. Ces trois détachements étaient chargés d'observer tout le cours de la Vêgre, parce qu'on supposait que Mayenne, débouchant par Mantes, se porterait sur cette rivière. Le maréchal d'Aumont occupait Ivry et le château d'Anet; Rosny avait pris position sur l'Eure, en face de Pacy; sa compagnie, les compagnies d'arquebusiers de Badet et de James, formaient le corps dont il avait le commandement [1].

1. Voyez Saint-Yon, p. 121. — *Fragment de l'histoire militaire des guerres de religion en France*, de 1585

Le 3 mars, Henri IV donne l'assaut à Dreux sans succès; les assiégés réparent leur brèche la nuit et se préparent pour le lendemain; mais le défaut de munitions que Givry était allé chercher à Meulan force les assiégeants à l'inaction[1]. Mayenne, pendant ce temps, avait obtenu des secours du duc de Parme; il passe la Seine à Mantes, le 9 mars. Les chefs des postes d'observation avertissent le roi, il fait retirer son artillerie, décampe après treize jours de siége, et marche à l'ennemi[2].

Plusieurs motifs le décidèrent à combattre. S'il se dirigeait vers la Normandie, il en faisait le théâtre de la guerre et ruinait par son armée et par l'armée ennemie un pays d'où il tirait ses principales ressources; de plus, il rompait ses communications, par Dieppe, avec l'Angleterre, qui lui fournissait en hommes et en argent des

---

à 1590. In-8°, 1834. Extrait du *Spectateur militaire* de 1834.

1. « Les munitions nous faillirent à Dreux... » (Lettre de Biron à du Haillan, *Arch. cur.*, XIII, p. 188.)

2. De Thou, in-4°, éd. de Londres, 1734, t. XI, p. 114.

secours très-importants dans la gêne qui le pressait. En se retirant vers la Loire, il cessait de menacer Paris; la Ligue triomphante reprenait sur la population une autorité qu'elle commençait à perdre. Enfin (c'était l'opinion de Biron), si l'on reculait, Mayenne les suivrait et, les chargeant en queue au passage des rivières, leur ferait éprouver des échecs considérables et inévitables; si l'on attendait, les ligueurs attaqueraient en détail, et l'armée du roi, inférieure en nombre, obligée de livrer une série de petits combats, s'épuiserait même par les victoires et se réduirait à rien[1]. Le plus sûr était donc de chercher une bataille[2] dans laquelle la qualité des troupes, leur bon emploi et le choix du terrain compenseraient l'inégalité du nombre et donneraient un succès constaté et décisif.

Il nous semble qu'une raison plus puissante

---

1. Voyez Davila, t. III, p. 28, *Histoire des guerres civiles de France*. In-4°, 3 vol. 1757, Amsterdam.

2. Voyez recueil des *Lettres missives de Henri IV*, par Berger de Xivrey, t. III, p. 162 : « Il a plu à Dieu de m'accorder ce que j'avais le plus désiré : d'avoir le moyen de donner une bataille à mes ennemis. »

que les raisons militaires, et qui est la cause et l'explication de beaucoup de déterminations de Henri IV, forçait à une prompte solution. C'est le manque d'argent pour retenir les soldats et même les chefs, qui, ne recevant que des subsides insuffisants, étaient désireux de retourner à leurs propres affaires[1]. La première partie de la vie de Henri IV n'est qu'une lutte contre le besoin, une suite d'emprunts onéreux et d'expédients pour ne pas rendre ou obtenir des délais. Ses

---

1. Voyez *Lettres missives* publiées par Berger de Xivrey, t. III:

« ... Rien ne me combat tant aujourd'hui que le défaut d'argent ... » (28 décembre 1589, au duc de Wurtemberg.)

« ... La difficulté est au moyen de remboursement, estant mes affaires en tel estat que je ne fais que appauvrir en acquerant ... » (25 janvier 1590, à Espernon.)

« ... Si l'argent qui doit être apporté de la Rochelle est arrivé, amenez-le avec vous et venez promptement... » (15 janvier 1590, à Duplessis.)

Duplessis apporta 80,000 écus qui furent immédiatement distribués. Voyez Pasquier, p. 342, Ed. Feugères.

A la fin de 1589 et au commencement de 1590, Henri IV, pour emprunter, avait envoyé, au duc de Mantoue, de Thou; au Landgrave de Hesse et au comte de Montbéliard, Sancy; à Ulm et à Nuremberg, des Réaux et Perrot. (Voyez De Thou, t. XI, p. 79, 94, 96, 97.)

succès ne l'avaient pas enrichi, et il était nécessaire qu'un triomphe rassurât l'armée et l'engageât, par l'espérance d'un prochain résultat, à rester autour de son chef[1].

Le 12 mai, le soir de la levée du siége, l'armée va coucher à Nonancourt, où l'avant-garde était arrivée la veille[2]. Afin de ne pas être surpris par

---

1. Voyez de Thou, t. XI, p. 69 et 147 : « A l'égard des troupes françaises, elles n'avaient que le pain qu'on leur fournissait tous les jours; on les retenait par l'espérance du butin... En avril 1590, Méry fut pillé avec l'autorisation des officiers, persuadés que dans un temps où l'on avait si grand besoin de troupes, il valait mieux permettre quelque chose au soldat aux dépens de quelques particuliers, que de lui donner occasion de passer au service de l'ennemi, en voulant le retenir dans une discipline trop exacte. »

Voyez *Lettres missives*, t. III : « Je crains que plusieurs soldats et gentilshommes demeurent derrière . . . . . .

« ... Je vous prie faire le procès à ceux qui manqueraient de me venir trouver. » (5 février 1590, à M. de la Court.)

Henri IV nous a conservé l'exemple d'une terrible débandade de son armée après le siége d'Amiens, dans des temps cependant meilleurs :

« J'avais jeudy au soir cinq mille gentilshommes; samedy à midy, je n'en ai pas cinq cents. » (28 septembre 1597, à Catherine.)

2. Voyez Saint-Yon, p. 123 ; *Lettres missives*, t. III, p. 165 ; *Mémoires de la Ligue*, t. IV, p. 237.

une attaque imprévue, le roi, ce jour et le jour suivant, fit marcher ses troupes dans l'ordre de combat. Il évitait ainsi le désordre inséparable d'une manœuvre devant l'ennemi. Cette précaution nouvelle, enseignée depuis comme un principe, a servi de base à la théorie des manœuvres [1].

Le trajet, quoique court, fut très-pénible. Les troupes arrivent à Nonancourt par un grand froid et par une pluie battante. Elles y trouvent de grands feux et des vivres en abondance, que le maréchal de Biron, qui est partout dans cette bataille, fit distribuer avec ordre dans tous les quartiers, tant de cavalerie que d'infanterie [2].

C'est à Nonancourt que Henri soumit son plan aux membres du conseil, qui l'approuvèrent. Quelques écrivains modernes ont fait de Henri IV un vaillant gendarme, qui se jetait à corps perdu dans la mêlée, et par son exemple entraînait les troupes; les contemporains, plus justes, le considèrent comme un grand homme de guerre, et l'étude de ses campagnes confirme

---

1. Voyez Saint-Yon, p. 123.
2. Voyez Davila, p. 26.

leur jugement. Henri IV fut brave, et jusqu'à la témérité, quand il fallut l'être et qu'une attaque impétueuse était nécessaire à la réussite d'un projet sagement médité; mais, sauf quelques circonstances périlleuses, dans lesquelles son courage et souvent le hasard l'ont entraîné, il était brave à propos, et les précautions qu'il prit à chaque affaire indiquent un général qui croyait plus aux succès de la sagesse et de la science militaire qu'à ceux de l'intrépidité personnelle. Ce qui est certain, c'est que Coutras, la première bataille rangée gagnée par les protestants, est la première bataille où il commandait en chef, et que depuis, partout où il a commandé, il a triomphé.

S'il faut en croire le P. Daniel et Legrain, les officiers généraux trouvèrent son plan si beau et dressé avec tant d'habileté que tous jugèrent qu'il n'y avait rien à changer[1]. Il en

1. Voyez *Histoire de France* (in-4°, 1722, Paris), 7e vol., p. 45; *Mémoires de la Ligue*, t. IV, p. 238; et Legrain, *Décade de Henri IV, etc.* (in-4°, 1633, Rouen), p. 416 : « Il montre ce plan... que tous, d'une voix, jugèrent (sans flatterie) avoir été digéré par une cervelle incomparable. »

remit copie au baron de Biron, qui devait faire la fonction de maréchal de camp général, et à Vic, mestre de camp, qu'il fit son sergent de bataille. Les troupes furent rangées afin de décamper dans l'ordre qu'elles devaient tenir dans la bataille même.

Malgré les affirmations du P. Daniel et de Legrain, il paraît qu'il y eut dans le conseil des officiers généraux qui déconseillèrent la bataille [1], ou qui, prévoyant un insuccès, songeaient aux mesures à prendre en cas de défaite. Voici ce qu'écrit Pasquier, annonçant la victoire [2] :

« Il délibéra de ne refuser le combat, encore qu'il en fût dissuadé par plusieurs grands capitaines...... Le mardi dont le lendemain on combattit, fut tenu conseil avec MM. les princes, et maréchaux de France, où il lui fut proposé que l'on ne donnait pas de batailles sans s'assurer d'un lieu de retraite, en cas de malheureux succès. Mais lui leur dit que de sa part il ne désignait autre lieu de retraite que le champ où

1. Voyez Legrain, p. 417.
2. T. II, p. 342, Ed. Feugère, in-12, 1849, Didot.

se donnerait la bataille, voulant dire qu'il était résolu d'y vaincre ou d'y mourir. »

Pasquier était placé pour être bien renseigné, mais nous n'avons jamais cru que les paroles du roi fussent l'expression de sa pensée.

Cet apophthegme à la lacédémonienne dénonce une préoccupation littéraire qui ne s'accorde pas avec la gravité de la décision. La résolution à la mort, moulée sur une phrase antique, nous inspirait une certaine défiance [1]. Il nous semblait que ce prince était trop brave pour n'être pas prudent, et trop habile pour risquer en un jour une position conquise par plusieurs années de guerres et de négociations.

---

1. Henri IV emploie souvent, quand il a le temps de la composition, les tournures classiques qui meublaient sa mémoire. C'est le bénéfice de sa première éducation. La Gaucherie lui avait enseigné le grec comme une langue vivante, lui faisant apprendre, sans les lire ni les écrire, des sentences choisies. Voyez, p. 165, Palma Cayet, qui était son répétiteur pour ce exercice. Catherine de Médicis, lui voyant écrire en grec, dans un jeu de cour, la devise « vaincre ou mourir », défendit qu'on lui apprît des maximes qui le rendraient opiniâtre. Mais son goût persista ; on sait qu'il prenait plaisir à lire Plutarque et qu'il désirait que la reine le lût. Voyez lettre à la reine du 3 septembre 1601, B. de Xivrey, t. V, p. 462.

Un contemporain justifie nos soupçons [1] : « Le roi, après la bataille, dit aux seigneurs qu'il avait les moyens de présenter tost après une autre bataille à l'ennemi, quand ceste-ci lui eut mal succédé ; mais en apparence il ne voulait laisser aux siens autre espérance de salut, sinon sur la force de leurs armes, craignant, s'il eut ouvert les moyens qu'il avait de combattre encore plusieurs fois, qu'ils alentissent cette ardeur qu'il voyait en eux. »

En cas de déroute, il aurait rallié à la réserve du maréchal de Biron ce qui serait resté de troupes, y joignant les corps qu'il avait laissés à Dieppe et dans plusieurs villes de Normandie, et ceux que lui amenaient de Picardie Humières et Mouy. Il aurait appelé du Dauphiné Lesdiguières, chef d'une armée bien munie de toutes choses, composée de soldats disciplinés et d'officiers éprouvés. « Toutes lesquelles troupes il assemblerait en trois semaines, cependant que la Ligue pesante s'endormirait en sa victoire, et par le butin diminuerait de moitié, les soldats

1. Voyez Legrain, p. 423.

et les bourgeois se retirant, les uns pour se donner du bon temps avec leur butin, les autres pour conter leur vaillance au coin du feu, de sorte que le gain n'avancerait guère la Ligue, laquelle au contraire la perdant, elle serait perdue du tout. Mais le roi avait encore d'autres attentes, sa noblesse disposée à tout pour le sauver, l'Angleterre résolue d'employer toutes ses forces pour empêcher l'accroissement de celles de la Castille, et l'Allemagne lassée de l'ambition de l'Autriche. »

Dans cette journée, Mayenne arrive à Dammartin, les détachements de la Vêgre se replient, Egmont se porte sur Ivry, Aumont l'évacue [1].

Le 13, l'armée du roi, marchant sur Ivry en ordre de combat, arrive par Saint-André et prend position entre Foucrainville et Le Fallu [2]. Les soldats se logèrent dans les maisons des villages, qui furent barricadés. Ce n'était pas par crainte d'une attaque, c'était un moyen d'inspi-

1. Voyez Saint-Yon, p. 123.

2. Voyez Atlas du *Mémorial de l'artillerie*, n° 4.

rer confiance aux soldats et de les préparer par un sommeil tranquille aux fatigues du lendemain. Les ligueurs, n'ayant proche d'eux que de petits villages, ne purent loger que peu de soldats, et furent contraints, par une nuit très-froide, de camper en plein air[1].

Les détachements envoyés en reconnaissance rapportent que l'ennemi marche d'Ivry sur La Haye. Henri s'avance et se place entre Foucrainville et Baligny. Mayenne était en avant de La Haye ; il se retire pendant la nuit d'environ une demi-lieue, et se porte entre Épieds et Boussey[2].

Mayenne ne s'attendait pas à rencontrer l'armée royale en deçà de Verneuil; il croyait qu'elle se retirait devant lui, pour trouver un refuge sous le canon d'une de ses places. En passant à Ivry, il apprit par ses coureurs que le roi, loin de l'éviter, avait fait plus de la moitié du chemin, et qu'il s'était saisi du terrain où lui-

---

1. Voyez *Lettres missives*, t. III, p. 162 : « Le mardy je vins prendre les logis qu'ils voulaient pour eulx et où estaient desja arrivez leurs mareschaux des logis. »

2. Voyez *Atlas du Mémorial.*

même avait dessein de camper[1]. Rosne n'avait d'ordre que pour le logement des troupes, car Mayenne ne voulait pas une rencontre, et, malgré les raisons données par de Thou d'accepter une bataille[2], il l'eût peut-être évitée s'il n'avait été poussé par d'Egmont et par Jérome Portia, envoyé du légat[3]

Les deux armées passèrent la journée du 13 n'étant séparées par aucun obstacle, et cependant il n'y eut que quelques escarmouches sans importance[4]. Le soir, le roi examina les positions ennemies, s'assura que ses éclaireurs et ses sentinelles étaient aux postes qu'il avait désignés et ne rentra qu'à deux heures du matin. Il dormit

---

1. Voyez P. Daniel, p. 46; *Mémoires de la Ligue*, t. IV, p 240. Henri IV avait eu la même promptitude à Coutras. L'avant-garde de Joyeuse le trouve sur le terrain qu'elle voulait occuper. Voyez duc d'Aumale, *Histoire des Condés*, t. II, p. 165.

2. Voyez de Thou, l. XCVIII, t. XI, p. 119, éd. 1734.

3. Voyez Davila, p. 34.

4. Voyez Palma Cayet, p. 215. — Lettre du roi à Sully, t. III, p. 162 : « Je ne pensay jamais mieux veoir donner une bataille que ce jourd'huy. Mais tout s'est passé en légères escarmouches. »

sur une paillasse jusqu'à quatre heures; et comme on lui rapporta qu'on voyait dans le camp ennemi des feux abandonnés, il crut que Mayenne passait la rivière, se retirant sur Paris, et il fit vérifier ce mouvement, qui se trouva faux[1].

Le 14, à six heures du matin, il réunit le conseil; tout le monde étant d'accord sur le plan et sur son exécution, les derniers ordres furent expédiés.

A la pointe du jour, des caissons de vivres passèrent dans les rangs, distribuant à chacun ce qui était nécessaire. Quand les troupes furent repues, elles se mirent en marche[2]; on leur fit faire une petite halte pour rectifier les distances et les alignements[3].

Les corps se rangèrent rapidement et facilement, parce que chacun savait la place qu'il devait occuper[4]. Vic, sergent de bataille, fit un rapport favorable. Le roi, malgré la sûreté et

---

1. *Mémoires de la Ligue*, IV, p. 242; Palma Cayet, p. 215.

2. Voyez Davila, p. 29.

3. Voyez Saint-Yon, p. 134.

4. Voyez *Mémoires de la Ligue*, IV, p. 242.

les connaissances de ce vieil officier, envoya le maréchal de Biron vérifier cette inspection, et enfin, ne se fiant qu'à lui-même, il alla voir si chacun était à son poste et s'assura que les ordres avaient été bien donnés, bien compris et bien exécutés. Il recommanda aux chefs de corps, en cas d'entraînement ou de désordre, de ne pas oublier de se rallier à des points qu'il leur indiqua. C'est une de ses maximes que le ralliement est le mot de la victoire, et, à Coutras, une aile en déroute, ralliée à propos, avait repris l'offensive, tandis que les ennemis dispersés perdaient le résultat de leurs premiers avantages.

Les deux armées présentaient des dispositions semblables[1], de corps de cavalerie flanqués d'infanterie. La cavalerie ligueuse était par grande masse; le roi avait formé la sienne en petits escadrons[2] sur plusieurs rangs, qui pouvaient, en

1. Voyez *Mémoires de la Ligue*, IV, 242; De Thou, p. 120; Palma Cayet, p. 215, et surtout l'Atlas de Poirson joint à la 3e édition de son *Histoire de Henri IV.*

2. Voyez Palma Cayet, *Chron. nov.*, éd. Mich. et Poujoulat, p. 214 : « Le roy, qui avait expérimenté, en d'autres batailles et combats, qu'il était plus avantageux

chargeant de flanc, atténuer l'effet du choc des lances dont l'effort n'entamerait que les premiers rangs. L'armée ligueuse avait un front étendu, pour envelopper l'adversaire ; l'armée royale avait peu de front, surtout en proportion de sa profondeur. Le roi, en réunissant ses forces au centre, semble avoir eu le dessein de percer l'armée ennemie. Cette manœuvre, souvent employée depuis, a de nos jours décidé de grandes victoires. Il est peu de combinaisons militaires dont on ne retrouve le germe dans les campagnes de Henri IV[1].

La réserve commandée par le maréchal de Biron, quoiqu'en ligne[2], avait pour mission de se porter au secours des corps menacés. Elle avait été constituée avec soin et devait se renforcer de plusieurs détachements attendus, qui arrivè-

---

de faire combattre la cavalerie en escadron qu'en haie, mesmes la sienne qui ne portait pas de lances. » Voyez duc d'Aumale, *Histoire des Condés*, t. II, p. 205.

1. Voyez Saint-Yon, p. 131.

2. Voyez, sur la place de cette réserve et sur la disposition en lignes, qui ne semble pas avoir été bien comprise, même par les écrivains militaires, l'Atlas de Poirson, p. 7.

rent pendant la bataille. Cette réserve, se portant sur les points affaiblis, en arrêtant les avantages de l'ennemi, rendit, sans presque combattre, les plus grands services, et, à la déroute, fournit des troupes fraîches qui achevèrent la ruine des ennemis. Il faut remarquer que, dans aucun corps, les officiers ne cédèrent au désir de poursuivre le succès; après avoir repoussé l'attaque, tous se rallièrent à leurs positions; l'ordre convenu fut conservé avec une exactitude qui montre la parfaite entente des chefs et de leurs subalternes.

On commençait, dans l'armée protestante, à comprendre l'importance de l'artillerie[1] et la

1. Henri IV avait dit à Sully, à Coutras, en lui ordonnant de ramener les pièces : « Il faut faire paraître votre esprit et votre diligence : de l'artillerie bien logée, bien munie et bien exploitée, dépendra en grande partie le gain de la bataille. » Voyez *Mémoires de Sully*, éd. Mich. et Pouj., I, p. 62. Le manuscrit de la Bibl. nat., p. 35, 7114 ancien, 652 actuel, fait dire par le maréchal de Biron à ceux qui professaient que le canon faisait plus de bruit que d'effet : « L'artillerie, où elle donne à plomb, est si furieuse qu'on ne la peut longuement souffrir, et faut déplacer le bataillon où elle donne, ou le faire venir au combat mal à propos ou en faveur.....

« ... Je dirai de l'artillerie qu'il est bon d'en avoir quantité. » Voyez, *Revue critique*, 1874, p. 61, les notes commander était un honneur recherché. A Coutras, l'armée protestante en retraite est attaquée; Henri fait ramener par Sully les trois pièces qui étaient déjà de l'autre côté de la rivière, et elles aident puissamment au succès[1]. A Arques, les pièces placées sur le château rendirent un immense service; les quatre canons du retranchement sont un moment menacés, on les retire, pour les rétablir dans leur position quand l'ennemi est repoussé. A Ivry, Henri IV avait six pièces, sous le commandement de La Guiche. Il en sut tirer un habile parti, et l'on peut dire que ce fut la cause de la perte de la bataille pour les ligueurs, puisque ce fut l'infériorité de leur artillerie qui les força à quitter leurs positions[2].

Arrivé à portée de l'ennemi, le roi vit que

---

très-intéressantes de M. Tamizey de Larroque sur l'auteur de ce manuscrit.

1. La *Confession de Sancy*, chap. VIII, rappelle la surprise que produisit cette artillerie inattendue: « Toutes les bonnes personnes ont crû que les huguenots, estant forcés à la bataille, l'ont gaignée par trahison, parce qu'ils avoyent caché leur canon sous terre, et ainsi firent sauter nos gens en l'air. »

2. Voyez *Mémorial de l'artillerie*, p. 346.

Mayenne ne s'ébranlait pas dans la crainte de perdre sa position, et il profita de son inaction pour faire exécuter à son armée un mouvement qui lui mit le vent et le soleil au dos[1]. Les ennemis crurent qu'il voulait s'emparer d'un village, et ne pensèrent pas à prendre la même précaution.

Vers onze heures, voyant que Mayenne persistait à ne faire aucun mouvement, il ordonna au grand maître de l'artillerie de la faire tirer, ce qui fut exécuté avec promptitude[2], car elle

1. Voyez *Mémorial*, p. 345. — *Mémoires de la Ligue*, IV, p. 243. «... Gagnant par ce moyen le dessus du soleil et du vent, qui eût pu rejetter toute la fumée des arquebusades dans son armée, avantage qui n'est pas petit un jour de bataille.»

2. Voyez *Mémorial*, p. 346. — S'il faut croire un rare et singulier petit écrit qui nous inspire peu de confiance, le maître canonnier aurait été un Anglais, nommé Edward Webbe. Voyez « *E. W., Chief Master-Gunner, his travails*, edited by. Arber, in-12, Murray, 1868 (english reprints), p. 34 : « I departed into France, where I had good entertainement at the hands of the renowned king and captaine of this age, Henri of Burbon, king of France and Navarre, who received me into pay, and appointed me for his Chief Master-Gunner in the fielde. So that uppon ash-wednesday last, at his most renowned battle, fought uppon the plaine of Saint-Andrew neere

avait envoye neuf volées avant que les ligueurs n'eussent répondu.

Les deux premières décharges renversèrent les deux escadrons de reîtres et endommagèrent les lanciers d'Egmont[1]. Les ligueurs ripostèrent tard et mal, ils tiraient bas et tuèrent un homme. De Rosne, gravement atteint, fut forcé d'attaquer cette incommode artillerie. Le roi, selon sa tactique, gardait ainsi la défensive et forçait l'ennemi à venir le chercher. Le changement de position des pièces était alors peu pratiqué ; de Rosne, en s'avançant, couvrait son artillerie, il l'obligeait à se taire, et ses troupes, qui marchaient en ordre profond et lentement pour conserver les rangs, subissaient un feu meurtrier.

Il fallait donc enlever l'artillerie royale[2]. « Les reîtres partirent les premiers et donnèrent contre

---

unto Dreux I was in service under him, where I gave 3 charges uppon the enemie, and they insteed thereof, gave us fifteen shot, and yet God be thanked pervailed not against us.... »

1. Davila, p. 36.

2. Nous empruntons la description qui suit de cette partie de la bataille à M. Poirson (t. I, p. 208), qui a remarquablement résumé tous les récits contemporains.

la cavalerie légère du comte d'Auvergne et de Givry, qui s'avança pour défendre les canons menacés. La multitude des assaillants jeta l'effroi parmi les chevau-légers, les ébranla, les désunit. Les reîtres, après les avoir entamés, regagnèrent leur place de bataille pour reformer leurs rangs, selon leur habitude militaire. Le comte d'Egmont les remplaça. Menant à sa suite six cents cavaliers wallons et flamands et l'infanterie des lansquenets, il attaqua avec fureur les escadrons de d'Auvergne et de Givry. Les chevau-légers, déjà inférieurs en nombre, ne purent soutenir le choc des lances et l'effort des gros chevaux flamands ; ils furent enfoncés au centre, dispersés à droite et à gauche. Le maréchal d'Aumont, qui pour les secourir fit une charge et des prodiges de valeur, les sauva de la destruction, mais ne put empêcher leur déroute. Leur fuite, funeste en soi, laissait de plus l'artillerie sans défense. Les Wallons tuèrent une partie des soldats qui la servaient, contraignirent les autres à se sauver et renversèrent les pièces. Après avoir éteint le feu de l'ennemi, ils s'élancèrent à la poursuite des chevau-légers, et menèrent battant trois cents d'entre eux plus de mille pas. Ils se reployèrent ensuite, et, prenant leur marche en remontant, ils se dirigèrent de nouveau vers le canon. Le baron de Biron les chargea à leur retour, attaqua leur escadron en queue et parvint à l'entamer, mais il fut blessé au bras et au visage, et ses soldats, laissés sans conduite pendant qu'on le pansait, consternés de son accident, mollirent et restèrent inactifs.

« Les Wallons d'Egmont et les lansquenets eureut alors un moment partie gagnée. Ils s'emparèrent de l'artillerie, qui demeura quelque temps entre leurs mains ; se disposèrent à charger de nouveau les chevau-légers et à les écraser ; répandirent l'étonnement et l'ébranlement dans toute cette partie de l'armée royale. Le duc de Montpensier tenta de rétablir les affaires, en attaquant la division du duc de Nemours, qui lui était opposée et dont il se promettait la défaite. La rare valeur qu'il déploya méritait qu'il réussît, mais, renversé de son cheval, tué sous lui, remonté, non sans peine, par ses gentilshommes, il vit ses troupes repoussées avec perte et ses espérances cruellement déçues. Ces échecs multipliés réagirent sur la situation du maréchal d'Aumont, qui jusque-là avait soutenu la cavalerie légère. Il se trouvait au milieu de corps ennemis, partout vainqueurs autour de lui, et courait risque d'être accablé et mis en déroute. Il ne fallut rien moins que l'intervention de la réserve, et que l'attaque dirigée par le roi contre le centre de l'armée ennemie, survenant coup sur coup et opérant une puissante diversion, pour dégager et sauver le maréchal. »

La bataille semblait perdue. L'aile gauche était en déroute, l'artillerie prise et les artilleurs dispersés. Le maréchal de Biron, se présentant avec la réserve en corps compacte [1], effraya le duc d'Egmont, qui recula. Les pièces furent replacées, les troupes ralliées reprirent leurs positions, les ligueurs perdirent les grands avantages qu'ils avaient obtenus.

« Alors les deux centres s'ébranlèrent, et 400

---

1. Lettre de Biron à du Haillan, *Archives curieuses*, p. 186 : « Les ennemis s'étonnèrent de me voir marcher toujours ferme vers eux en gros ost, ce qui leur fit perdre la victoire. »

arquebusiers à cheval[1], sortis du gros du duc de Mayenne, ayant fait leur décharge à vingt-cinq pas du corps où était le roi, y mirent d'abord beaucoup de désordre. En même temps, Henri Pot de Rhodes, jeune homme distingué par sa bravoure, qui portait la cornette blanche, reçut dans les yeux un coup mortel qui augmenta la confusion. Outre que la demi-pique qui soutenait l'étendard royal fut brisée entre ses mains, il fut emporté par un cheval fougueux, qu'il était d'autant moins possible de gouverner que les rênes avaient été coupées et que la grande abondance de sang qui sortait de sa blessure ne lui permettait pas de voir où il allait. Plusieurs s'imaginèrent que le roi se retirait de la mêlée et suivirent l'étendard partout où il plaisait au cheval de le promener. Il est vrai que le roi, dont la prudence prévenait tous les inconvénients qui pouvaient arriver, avait fait mettre, ce jour-là, sur son casque une aigrette blanche, afin d'être reconnu de plus loin, et il avertit en même temps qu'au cas que son drapeau fût

1. De Thou, p. 125.

abattu, comme il arrive assez souvent, on prît garde à l'aigrette blanche et qu'on la suivît. Aussi les gens sages n'y furent pas trompés, et comme ils avaient toujours les yeux attachés sur ce signal, cet accident ne fut pas capable de leur faire abandonner leur poste. Mais il en arriva un autre en même temps qui causa un nouveau désordre. Un jeune seigneur, pour se rendre plus remarquable ce jour-là, avait eu l'ambition de vouloir porter aussi une aigrette blanche; cela trompa bien des gens qui, le voyant suivre l'étendard royal, prirent de là l'occasion ou le prétexte de se retirer. Le roi vit qu'il fallait un effort suprême, et, devançant ses cavaliers de deux longueurs de cheval, il s'enfonça dans l'escadron du duc de Mayenne[1]. »

Henri IV, en se précipitant dans un péril certain, n'obéissait pas à son seul courage. Il avait les deux qualités du succès, l'élan et l'opportu-

---

1. Le roi courut dans cette bataille les plus grands dangers, son épée fut couverte de sang et de cheveux. Il disait qu'il avait bien connu que de ce jour il était roi, « pource qu'ayant touché les écrouelles, il en avait guéri plusieurs Espagnols ». Voyez L'Estoile, Mich. et Pouj., p. 13.

nité, ce don naturel qui fait deviner le moment propice, lequel passé, les efforts ne sont plus que des sacrifices sans résultats. Les reîtres, après avoir fait leur décharge, s'étaient, selon leur coutume, repliés pour se reformer derrière les lanciers; mais l'intervalle entre les escadrons n'étant pas assez large pour leur passage, ils s'étaient jetés sur les Wallons, qui les repoussaient à coups de lance, afin de conserver leurs lignes. Les rangs étaient rompus, le défaut de champ empêchait les Wallons d'utiliser leurs lances; Henri vit ce désordre et en profita. Quoique le tiers de son escadron l'eût abandonné, pendant que Biron chargeait de flanc, il chargea de front avec tant de rapidité que les Wallons furent obligés de jeter leurs lances et de tirer leurs sabres. Les cavaliers royaux avaient alors l'avantage: protégés par une bonne cuirasse, ils étaient armés d'un fort espadon et de deux pistolets. Les royalistes et les ligueurs combattirent mêlés et sur place un quart d'heure; mais, comme à ce moment l'aile droite des ligueurs était renversée par le duc de Montpensier et le maréchal d'Aumont, la gauche par Schomberg et le baron de Biron, la cavalerie espagnole et franc-comtoise défaite par le comte d'Auvergne conduisant les chevau-légers ralliés, « ce gros corps commença à chanceler, et en moins de rien on vit le dos de ceux de l'Union, qui étaient si furieusement venus présenter leurs visages, employer leurs teste et bras, encore tout armés, à l'aide et au secours de leurs talons, qui ne l'étaient pas moins[1] ».

La déroute fut complète, les cavaliers s'entraînant les uns les autres. L'infanterie se trouva entièrement à jour, parce que dans l'ordre de la bataille les escadrons avaient été mêlés aux bataillons, qui, se voyant sur le point d'être attaqués en flanc et en tête par la cavalerie, s'abandonnèrent à la fuite la plus honteuse[2]. Mayenne ne conserva autour de lui qu'une trentaine de cavaliers et il ne resta sur le champ de bataille que quelques corps français isolés, et les Suisses fermes et en bon ordre.

Pour achever la victoire, quelques officiers

---

1. Palma Cayet, p. 217.
2. Voyez *Mémorial*, p. 346.

proposaient de faire charger ce reste des ennemis par la réserve qui était fraîche, d'autres d'employer les corps d'infanterie qui n'avaient pas combattu. Le maréchal de Biron conseilla de faire avancer le canon et de *le traiter comme un bastion*. C'est le premier exemple d'un déplacement de l'artillerie, dans une circonstance où elle est irrésistible et où elle produit un plus grand effet que les deux autres armes ensemble. A Arques le mouvement avait pour but principal de soustraire les pièces à l'ennemi, à Ivry il complète la déroute. En attaquant ce gros corps de Suisses, on aurait été obligé de sacrifier beaucoup de monde, peut-être sans réussir ; en faisant amener du canon, Biron était sûr de les obliger à se rendre, ou au moins de leur faire essuyer de grandes pertes, sans en essuyer lui-même aucunes[1].

Les Suisses étaient dans l'impossibilité de résister. Le roi leur offrit une capitulation hono-

1. Voyez Saint-Yon, p. 346. Le général Suzane, dans l'*Histoire de l'artillerie* (Hetzel, 1874, in-12), p. 120, indique un déplacement de l'artillerie pendant la bataille. Il nous semble qu'il y a confusion d'Arques et d'Ivry.

rable, ils l'acceptèrent[1]. L'artillerie avait commencé la bataille, elle l'acheva ainsi sans tirer.

La retraite des ligueurs se fit de deux côtés. Le duc de Nemours, Bassompierre, Tavannes, Rosne et quelques autres prirent la route de Chartres; Mayenne gagna Ivry pour passer la rivière[2].

Le roi, afin de poursuivre les ennemis, partagea sa cavalerie en trois corps : un à droite sous le baron de Biron, un à gauche sous le grand prieur; il se mit à la tête de celui du milieu, où étaient les 300 gentilshommes d'Humières arrivés pendant le combat[3]. Mayenne, en passant par Ivry, avait rompu le pont; Henri fut obligé de gagner le gué d'Anet. Beaucoup de ligueurs se noyèrent en passant l'Eure. Les lansquenets essayèrent en vain de retarder la poursuite, en faisant dans les rues d'Ivry des barricades des corps de leurs chevaux, auxquels ils avaient

---

1. Voyez les termes de cette capitulation, *Mémoires de la Ligue*, IV, p. 259.

2. *Mémoires de la Ligue*, IV, p. 247.

3. P. Daniel, p. 49.

coupé les jarrets. Le massacre fut considérable, et ceux qui se sauvèrent dans la campagne et dans les bois furent assommés par les paysans. Mayenne, pressé de près, n'eut que le temps d'atteindre Mantes, dont il obtint l'entrée avec beaucoup de supplications[1]. Henri le poursuivit jusqu'aux portes de la ville, et alla coucher au château de Rosny.

En quelques heures, l'armée de la Ligue était dispersée et détruite, son artillerie et ses bagages perdus. Le butin était considérable. Cette éclatante victoire rendait manifeste la puissance militaire du roi et anéantissait les vanteries des ligueurs. Leurs mensonges prêchés et répandus tombaient d'un coup. L'effet moral[2] fut im-

1. La *Satire Ménippée* n'a pas oublié de ridiculiser cette fuite précipitée. Voyez Description des tapisseries. La septième contenait la bataille d'Ivry... « Il y faisait beau voir monsieur le lieutenant... s'encourir sur un cheval turcq pour prendre Mantes par le guichet, et dire aux habitants en note basse et courte haleine : « Mes amis, « sauvez-moi et mes gens, tout est perdu, mais le Béarnais « est mort. »

2. Selon le P. Daniel, c'est après Ivry que fut faite la première médaille à la gloire de Henri IV. Il en donne, p. 52, la représentation.

mense et suivi d'avantages réels, dont les premiers furent la reddition de Mantes et de Vernon[1], qui rendaient le roi maître de tous les passages entre Rouen et Paris.

La Ligue se trouva très-embarrassée pour annoncer aux Parisiens ce fâcheux événement.

---

1. On releva alors les présages heureux. Voyez Pasquier, *Lettre sur la bataille d'Ivry*, Ed. Feugère, II, p. 344 : « Lorsque la bataille commença, on faisait dedans cette ville de Tours une procession générale où étaient tous les pauvres mendiants, et encore les petits enfants, qui n'avaient autre mot en bouche parmi les rues qu'un vive le roi ! cette procession dura jusque vers le midi, qui fut le temps auquel la bataille prit fin, comme si la victoire de notre roi n'eût dépendu que des oraisons de son peuple, tout ainsi que celles de Josué, capitaine général des enfants d'Israël, des prières de Moïse. » — Et de Thou, p. 69 : « Le roi remit au 15 mars suivant l'assemblée convoquée, auquel temps, disait-il, y avait lieu d'espérer qu'avec l'aide du Seigneur il aurait levé tous ces obstacles et ceux qui pourraient encore naître dans la suite. Ces paroles furent regardées depuis comme une espèce de prophétie, car ce fut, en effet, ce jour-là même que se donna la bataille d'Ivry, qui décida du sort de ce prince et affermit dans l'obéissance ceux de ses sujets qui jusqu'alors avaient balancé à le reconnaître. »

On a trouvé dans le grec un pronostic favorable par le rapport du mot Ivry et de ὕβρις (injure), parce que l'injure faite au roi fut punie aux champs d'Ivry. Voyez *Mercure français*, 1614, t. III, p. 495.

Leur ancienne ardeur excitée, et entretenue par des inquiétudes religieuses, s'était depuis quelque temps affaiblie. Les excès et la tyrannie des Seize et de leurs sicaires éloignaient ceux qui, de bonne foi, les avaient soutenus. Le parti modéré et national, qui voyait avec répugnance l'autorité absolue du nonce, du pape et des Espagnols en plein Paris, grossissait de jour en jour. La masse du peuple, encouragée par le clergé, dominée par la crainte des Espagnols et des personnages de tous les rangs qui dans le triomphe de la Ligue trouvaient leurs avantages particuliers, s'était, comme d'ordinaire, soumise au plus fort; le triomphe du roi, sa modération, disposèrent le peuple, dans l'espoir d'un gouvernement plus doux, à se tourner vers lui. Le pape, qui jusqu'alors avait soutenu la Ligue par tous les moyens, subit l'influence du succès; à partir de la bataille d'Ivry, il montra pour Henri IV une bienveillance inaccoutumée et commença à le traiter de roi.

Les historiens s'accordent sur ce point[1], mais

1. Voyez le P. Daniel, p. 55. Le premier fruit de la

l'exposition des conséquences de la bataille d'Ivry dans la politique extérieure et intérieure nous conduirait loin de notre sujet. Nous n'avons voulu qu'indiquer sommairement les

---

bataille d'Ivry fut la reddition de Mantes et de Vernon. Il y en eut un second d'une autre espèce quelque temps après, ce fut une lettre du pape aux seigneurs catholiques du parti du roi, en réponse à celle qu'ils lui avaient envoyée par le duc de Luxembourg. La lettre du pape était fort honnête, mais en termes généraux, et l'on fut confirmé par cette lettre dans la pensée qu'on avait déjà, que la cour romaine, à l'égard des affaires de France, réglerait sa conduite sur les événements. — Voyez Palma Cayet, p. 235.

« Le pape défendit à M. de Luxembourg l'entrée dans les terres de l'Église, mais les bruits d'Arques et de Dieppe apportèrent du changement à la résolution de sa sainteté. M. de Luxembourg, revenu de Rome, où le bruit était parvenu de la victoire que le roi avait obtenue à Ivry, alla voir sa sainteté qui s'enquesta de lui des humeurs de sa majesté. Depuis, il l'appela roi de Navarre, car auparavant il ne l'appelait que prince de Béarn. Le bref, au reste, est postérieur à la bataille d'Ivry, aussi sent-on bien que le pape, quoiqu'il affectât d'y parler d'une manière ambiguë, ne se serait jamais exprimé de la sorte si dès lors il n'eût pas résolu de se déclarer pour le parti que la fortune favoriserait. » (De Thou, t. XI, p. 102.)

C'est ce que Henri avait prévu lorsqu'à Tours il disait à Henri III, ébranlé par l'excommunication : « Vainquons, et nous aurons l'absolution. » Voyez Chalambert, *Histoire de la Ligue*, t. I, p. 276.

faits principaux d'une mémorable victoire qui fut le commencement d'un grand règne et le point de départ d'un art militaire nouveau.

DISCOURS

DE LA

BATAILLE DE GARENNES

Le vendredy, neufiesme mars, Monseigneur le Duc de Mayenne eust advis que le Roy de Navarre dellibéroit de recommencer la batterye de Dreux qui avoit esté différée, faulte de balles de canon [1]; sçachant que Givry

1. Voyez de Thou, éd. française, t. XI, p. 114, lettre XCVIII, et lettre de Biron, *Archives curieuses*, XIII, p. 188.

estoit de retour de Meulan, dou il en avoit amené deux cens, et que ceux du Pont de Larche y en avoyent aussy envoyé, Monseigneur partit le matin et alla loger à Dampmartin, toute son armée ès environs, excepté les trouppes de Flandres qui ne peurent passer ce jour là, ayant laissé troys canons à Mante, pour la difficulté des chemins, n'ayant que deux coullevrines et deux bastardes.

Le samedy, Monseigneur séjourna au dict Dampmartin, pour attendre les dictes trouppes de Flandres, qui passèrent la rivière, et cependant il monta à cheval, avec deux cens chevaux, pour recongnoistre la teste du logis de son armée, il feist avancer avec quelque quarente chevaux le vicomte de Tavannes avec le sieur de Villiers, du costé de Houdan et les Sieurs de Rosne et de Gessan, à la main droicte, du costé de Rouvre et d'Ivry. Le Mareschal (d'Aumont) estoit logé audit Yvry, passé de delà la rivière de Ture[1], et en partit avec quelque désordre, se retira au gros de l'armée du Roy de Navarre, qui estoit logée auprès de Dreux et Motelle[2], où estoit ledict Roy de Navarre, sur la rivière d'Eure; et feist pareillement retirer les trouppes qui estoyent à Garenne; il laissa quatre ou cinq[3] arquebusiers à cheval dans le chasteau d'Annet. Le rapport dudict Sieur vicomte de Tavannes fut que le Grand Prieur et Givry, avec la cavallerye légère, estoyent logez du long de la

1. C'est l'Eure, qui porte sur les anciennes cartes les noms de Hure, Urte et Dure. Voyez le *Magasin pittoresque*, 1849, p. 39, qui donne de ce dernier nom une raison douteuse.

2. Canton de Saint-Georges.

3. Variante : *cinquante*.

rivière de Houdan[1], ledict Grand Prieur audict Houdan, leurs trouppes à Blechères[2], et d'autres villaiges delà le ruisseau; celluy du Sieur de Rosne fut de mesme, et qu'il y en avoit logés le long du mesme ruisseau à Rouvre; qu'à la rivière de Ture les passaiges estoyent libres, pour la retraicte du Mareschal d'Aumont, et encores qu'on eust osté quelques planches des ponts, ils se pouvoient racommoder en deux heures.

La nuict du samedy, Monseigneur eust advis que le roy de Navarre avoit retiré ses pièces de la batterye et qu'il venoit prendre son logis entre la rivière de Houdan et celle de Ture, au cul de ses chevaux légers, affin de se placer en lieu d'où il

1. C'est la Vêgre.

2. Berchères.

peust attendre les forces qui luy venoyent [1] tant de Poictou, soubz la conduicte du Plessis Mornay, que celles de Picardye que luy amenoit Humières [2] de Normandie, avec le commandeur de Chattes, Sainct Denys, Maillant et autres, pour empescher que Dreux ne fut du tout desassiégé.

Le dimanche, Monseigneur marcha avec toute son armée, pensant trouver les ennemys avec toute la leur, toutesfois n'avoient bougé d'auprès de Dreux et avoyent laissé du long de la rivière de Houdan leurs chevaux légers seullement, qui avoyent rompu les ponts. Le vicomte de Tavannes s'advança du costé de Rouvres, avec quelque nombre de cavallerye et

---

1. De Thou, XI, p. 116. Voyez Duplessis Mornay, t. IV, p. 453 et 473.

2. Deux cents chevaux, selon Duplessis, p. 477.

deux régimens de gens de pied. L'armée feist alte au dessus les chevaux légers des ennemys quy estoyent logez sans bagage, et se retirèrent avec quelque désordre à la rivière de Ture qu'ilz passèrent à Messières, pour se joindre au gros de leur armée qui estoit logée à Motelle près de Dreux. Monseigneur se logea à Gilles et son armée se logea, partye sur la rivière d'Eure et partye sur celle de Houdan.

Le lundy, Monseigneur, fist loger aux passages d'Ivry et Garennes, ses Suisses et Lansquenetz, et le reste de son infanterye et luy avec la cavallerye séjourna. La nuit, il eust advis que le Roy de Navarre avoit marché le long de la rivière d'Heure, droit à Nonancourt, comme s'il eust voullu se retirer à Verneuil. Et le mardy matin il passa, avec sa cavallerye sur les pontz des villages d'Ivry et Garenne ; le rendez vous estoit à la Malle Maison. Comme l'armée alloit loger et que le logis de mondist Sieur estoit à Boussey, les chevaux légers qui s'alloyent loger plus avant à Sainct André, envoyèrent dire qu'ils voyoient paroistre quelques trouppes des ennemys. Monseigneur commanda audit Sieur de Rosne, de Gessan et de Boisdauphin d'aller voir que c'estoit [1]. Et cependant commanda au vicómte de Tavannes de mettre l'armée en bataille, selon l'ordre quy avoit esté conclud en son conseil. Le sieur de Rosne arrivant à la teste des chevaux légers, trouva quatre cens chevaux des ennemys qui paroissoyent en trois osts qui demeurent quelque temps fermes. Il feist aussi tenir bride à ses chevaux légers; peu aprés, vit avancer au pas ceste caval-

1. De Thou, p. 118.

lerye de l'ennemy, et vist paroistre à leur cul troys autres gros de cavallerye et la teste de leur infanterye. Lors il commença à faire retirer lesdits chevaux légers, à la faveur d'un village, pour aller prendre leur place de bataille, et manda à Monseigneur par Monsieur de Boisdauphin qu'il ne debvoit plus doubter de la bataille et que les ennemys marchoyent droit à luy, ny ayant ny boys ny rivière entre deux. Les bataillons se dressent de part et d'autre ; les ennemys pensoyent arriver assez à temps pour tourner l'armée de Monseigneur à demi passée, mais la trouvant en bataille, se rengèrent entre deux villages, où il y avoit justement lieu pour placer leur armée, et leurs arquebusiers dans lesdicts villages, qui leur apportait un extresme advantage. L'ordre de l'armée de Monseigneur estoit de deux grands bataillons de Suisses flanqués d'arquebuziers Françoys et de Lansquenetz, tous marchant d'un front, et toute la cavallerye entre lesdictz bataillons, les testes des chevaux n'alloyent pas plus avant que les enseignes des gens de pied ; l'artillerye marchoyt hors des bataillons sur la main gauche des Suisses[1]. L'ordre du roy de Navarre estoit quasy de mesme ; toutesfois à cause qu'il estoit couvert de villages, on ne le peust bien juger. Nous feusmes depuys les deux heures après midy jusques à la nuict fermée, à la veue les ungs des aultres, sans cependant tirer ung coup d'artillerye, et avec un fort légère escarmouche[2]. La nuict venue, chascun se logea, nous en troys villages, et eux en aultant ;

1. Voyez de Thou, p. 118.

2. Voyez de Thou, p. 119, et du Plessis, p. 174 : « La journée se finit sans journée non sans merveille. »

les deux corps des armées à une lieue l'un de l'aultre, une grande pleyne entre deux.

Le mercredy quatorzième mars, une heure devant le jour, le sieur de Contenant et le lieutenant du Sr de Bay vindrent faire rapport que l'ennemy estoit tousjours à son logis. Il fut mis en délibération sçavoir sy on l'iroit attaquer dedans son logis, s'ilz gardoyent le mesme avantage que le jour préceddent. Furent alléguez plusieurs raisons de part et d'aultre; enfin fut conclud sur l'incommodité des vivres, pour avoir à nostre cul un pays ruyné, l'ennemy au contraire tout son païs de conqueste, Verneuil, Nonancourt, Evreux. Oultre ce, de toute part, l'ennemy se renforçoit; que de déplacer en présence et passer une rivière, cela mallaisément se pouvoit faire sans désordre; que les forces estoyent esgalles, que si on attendoit que les Restres et les troupppes de Champaigne se joignissent à eulx, ils nous contraindroyent, ou à nous retirer à Paris et là ruyner nostre armée et nos amyz, ou à un combat désavantageux et inégal. Comme l'on mettoit les trouppes en bataille, l'on vit leur armée paroistre, qui, ayant quitté l'avantage des villages, marchoyt par la playne droict à nous. Lors on congneut, sans avantage d'un ny d'aultre, que l'on pourroit combattre, et que pas une des dictes partyes ne s'en pourroit plus desdire. Monseigneur commanda aux seigneurs de Rosne et de Tavannes de dresser l'ordre du combat, suyvant la résolution qui en avoit esté prise, quy fut tel, pendant qu'il alloit partout admonester les trouppes à la bataille : le régiment des Suisses de Berlin à la main gauche, celluy de Phyffer à la main droicte ; entre les dictz deux bataillons la cornette blanche quy pouvoit estre accompagné de deux cens[1] chevaux françoys ; y estans Messeigneurs de Nemours, le chevallier d'Aumalle, le conte d'Aiguemont, entre lesdicts bataillons de Suisses, sur la main droicte de Monseigneur, avec quatre cens lances Wallonnes, et troys cens sur la main gauche ; toute la teste de la dicte cavallerye ne passant pas les enseignes des Suisses, excepté cinquante chevaux conduicts par les sieurs Tremon et Terrail, qui pouvoyent estre cinquante pas devant la dicte cornette blanche[2]. Le bataillon de Berlin estoit flanqué d'arquebuziers du régiment de Ponsenat, excepté quelque petite trouppe d'enffans perduz, qui estoient jettez devant et de celluy du Pes-

1. Trois cents, selon de Thou, p. 120.

2. Voyez de Thou, p. 120.

cher ; celluy du collonel Phiffer, flanquez des régimens des seigneurs de la Chasteigneraie et du Bourg ; les quatre [1] pièces d'artillerye sur la main gauche dudict Berlin ; hors du bataillon à main droicte de Phiffer estoit le bataillon des Lansquenetz des Sieurs de Sainct Paul, flanqué d'arquebusiers des régimens des sieurs de Tremblecourt, et Baron de Thenissey. Entre ledict bataillon de Phiffer et Lansquenetz estoyent les Restres, en un hault, et à leur main gauche cent chevaux françoys des compagnies des Sieurs Fontayne Martel, Perdriel et Longchamp ; et à leur main droicte, joignant les Lansquenetz, la cavallerye légère espagnolle, qui pouvoit

1. De Thou donne le même nombre de pièces. Les plans en indiquent cependant cinq. Voyez Atlas de Poirson, p. 5, § 7.

estre cent cinquante chevaux[1]. De l'armée des ennemis la bataille marchoit en mesme ordre que la nostre, enfermée de deux gros bataillons de gens de pied, la cornette blanche vis à vis de la nostre accompagnée de deux escadrons de cavallerye des Mareschaux de Biron et d'Aumont, vis à vis de nos deux escadrons de Wallons, la teste de leur cavallerye en forme d'avantgarde par le Grand Prieur ; Monsieur de Montpensier, le prince de Conty vis à vis de nos Restres Espagnols et Lansquenetz, estoient en plusieurs escadrons de cavallerye, accompagnés chascun de trouppes d'arquebuziers, à la main gauche toute leur artillerye placée, ayant mesme avantage sur nostre avant garde que la nostre avoit sur la bataille[2]. Lesdicts

1. Selon de Thou 200, p. 120.

2. Le mot bataille a signifié : le centre de l'armée, un

ennemys, voyant nostre ordre, se résolurent, au lieu de venir à nous, de prendre à leur main gauche, pour gaigner un village[1], pour là, avec cet avantage, nous attendre, comme ils avoient faict le jour préceddent. Et sur ceste résolution, commencèrent à marcher, en nous monstrant le flanc, estant toutesfois encore à demy quart de lieue de nous. Monseigneur juge que marchant droit à eux, ou il leur feroit quitter le desseing du village, en leur faisant tourner la teste, ou bien il prendroit leur bataille par flanc; quy fut cause que commanda au Sieur Viconte de Tavannes de faire marcher la main droite où es-

---

corps d'armée, un assemblage de plusieurs corps, l'escadron où commandait le roi. Voyez *Revue des Deux-Mondes*, article de Mérimée, 1er février 1848, p. 457.

1. L'intention du roi n'était pas de prendre le village, mais de se mettre le vent et le soleil à dos. Voyez de Thou, p. 121.

toyent les Lansquenetz, les Restres et les Espagnolz, et au Sieur de Rosne, la main gauche où estoyent les Suisses, la cornette, les Bourguignons et son artillerye ; demeurant cependant luy à la teste de toute son armée, pour juger des actions des ennemys, quy incontinant changeant de desseing d'aller au village, tournèrent, comme Monseigneur avoit jugé, la teste droit à nous ; et encore que leur artillerye commença à tirer premier que la nostre[1], sy est ce que voyant que on attendroit à eux et qu'ils s'estoyent trop avancés, une partie de leur avant garde se renverse, et se mist en fuite, celluy qui commandoit aux Lansquenets craignant qu'ilz continuassent

1. L'artillerie du roi fut si bien servie et si à propos qu'on vit partir neuf volées de canon de suite avant qu'on eut seulement mis le feu à celui du duc de Mayenne. De Thou, p. 124.

leur desseing de gaigner le village quy estoit fort sur sa main droicte de l'infanterye, qui fut cause que l'artillerye donnant aux Restres et une escopetterie qui leur fut faicte de quelques trouppes d'arquebuziers, ils partirent de leur ordre sans attendre les autres troupes et ils marchèrent pour aller à la charge. Estans à cent pas des ennemys, s'arrestèrent tout court; le viconte de Tavannes partit lors avec les cent chevaux françoys de Fontayne Martel et des aultres, et chargea; Bassompierre et les collonels y allerent de mesme, pensans estre suivis des leurs. Mais, au contraire, excepté peu de chevaux quy les suivirent, le reste, sans tirer un seul coup de pistollet, se renverse en foulle sur la cavallerye de la bataille, droit à la cornette blanche. Monseigneur voyant que le Roy de Navarre s'advançoit avec ce désordre, fut contrainct de faire rompre les lances contre ses Restres propres[1] et de charger luy mesme, avec la trouppe du conte d'Aiguemont. Sa cornette fist de mesme, excepté une partie des Wallons qui furent rompus par les Reistres fuyards, estant certain que l'ost du Roy de Navarre estoit de sept à huit cens chevaux; quy fut chargé sy vivement de ce qui restoit de sa cornette blanche, qu'on veit les deux cornettes jointes, n'aller avant ny arrière, sans qu'on peust, pour un temps, juger du succez de la victoire laquelle enfin leur demeura, ce petit nombre combattant avec Monseigneur forcé par un gros escadron, soustenu avec ordre des aultres quy n'avoyent encore combattu; de sorte que Monseigneur se trouvant avancé parmy

---

1. De Thou, p. 125.

les ennemys, avec deux ou troys seullement, demeura sur la main droicte en champ de bataille longtemps, ne pouvant que malaisement regaigner les siens, les ennemys qui suivoyent la victoire, l'ayant oultrepassé. Estans desjà les Reistres et Bourguignons fort esloignés dudict champ de bataille, où il ne demeura sur la main gauche que sa cornette qu'il rallia auprés des Suisses, avec quinze ou vingt quy le suivoyent, et entre lesquels estoyent Messeigneurs de Nemours et Chevallier d'Aumalle, quy ne se voyant assistés d'aucune aultre cavallerye, furent forcés de se retirer, demeurant la cornette blanche auprès des Suisses, où elle fut prise [1], la plus part de ce petit nombre de Françoys quy restoyent estant prins prisonniers,

1. De Thou, p. 126.

leurs chevaux blessez et eux mesmes. Sy bien qu'il ne fut possible de rallier une seulle trouppe de Reistres ni aultres, quoy que Monseigneur, s'efforçant de le faire audict champ de bataille, et depuys au passage d'Ivry, où se voullant oppiniastrer à les retenir, il faillit à se perdre. Les Suisses se voyans seuls se rendirent [1]; il les a desarmez et prins leurs armes et drappeaux et les renvoye en leur païs. Les Lansquenetz ont esté taillés en pièces, pour la pluspart [2]. L'infanterye françoyse est quasy toute sauvée et est la plus part toute de retour, toutesfois désarmés. Il n'y est mort personne de qualitté que le conte d'Aiguemont, la Chastaigneraie

---

1. De Thou, p. 127. Voyez, *Mémoires de la Ligue*, t. IV, p. 259, la capitulation qui leur fut accordée.

2. De Thou, p. 128. Leur trahison à Arques n'était pas oubliée.

d'Arconas, Carron et Boistergnaut, et quelques Gentilzhommes particuliers : de prisonniers Boisdauphin, Sigonne, les Barons de Mesdavid et Thenissey. Les ennemys y ont plus perdu de Noblesse, y estans demeurés les sieurs Marquis de Nesle[1], Clermont, d'Antragues et plusieurs aultres desquels on ne sçait encore le nom. Leur cavallerye, comme l'a advoué le Roy de Navarre mesme et les siens estoient de deux mil cinq cens chevaux françoys de combat, environ troys mil Suisses, quelques quatre ou cinq cens Lansquenetz, et plus de cinq mil harquebuziers françoys. Nostre armée estoit composée de huit cens chevaux reistres de combat, de sept à huit cens lances flamen-

1. Il mourut le 15 avril, au château du chancelier Cheverny, son beau-père. De Thou, 129.

des, six vingts Espagnols chevaux légers et près de troys cens Françoys ou Albanoys ; troys mil Suisses ; mil Lansquenetz et près de troys mil Françoys.

Paris. — Imp. D. Jouaust, rue Saint-Honoré, 338.

www.ingramcontent.com/pod-product-compliance
Ingram Content Group UK Ltd.
Pitfield, Milton Keynes, MK11 3LW, UK
UKHW012103240726
13965UKWH00004B/1505